Tarn

Dépôt légal : Décembre 2023

ISBN : 979-8-8680-6963-5

# Révolte contre ce monde de brutes

PERSEUS LE GRAND

# RÉVOLTE CONTRE CE MONDE DE BRUTES

*À ceux qui rêvent d'un monde meilleur.*

*À ceux qui ne se reconnaissent plus dans ce monde tourmenté.*

*À ceux qui veulent changer l'ordre des choses.*

*Aux cœurs purs et aux plus belles âmes.*

# RÉVOLTE CONTRE CE MONDE DE BRUTES

# TABLE DES MATIÈRES

RÉVOLTE CONTRE CE MONDE DE BRUTES

*Réveillons-nous, il est l'heure.*
*Tendons la main, qu'ils n'aient plus peur.*

# RÉVOLTE CONTRE CE MONDE DE BRUTES

# AVANT-PROPOS

La révolte contre ce monde de brutes s'offre comme une manière pratique et merveilleuse de faire le bien dans notre société. Se déployant comme une ode à la beauté de l'âme humaine, cette révolte incarne la résolution d'illuminer les esprits en quête d'un sens plus noble. Se dressant tel un phare majestueux, elle guide ceux qui se sont trop longtemps égarés dans les vagues tumultueuses de notre époque. Face au naufrage de notre monde moderne, j'invite chaque âme à comprendre la nécessité d'ancrer la lumière et l'espérance au milieu des ténèbres et de la perdition.

Il est temps de s'exprimer et de ne pas hésiter à tenir un langage ferme. Je ne veux pas vous endormir, mais vous réveiller. Ce n'est pas en caressant dans le sens du poil l'humanité tout entière que le changement s'opère. Ce livre est un hurlement d'amour, un cri du cœur pour animer et exhorter.

Nous luttons contre l'obscurité en prônant la lumière, si bien que chaque précepte que nous tenons en haute estime aspire à réparer les douloureuses fractures dont est victime l'âme humaine. Il fait sombre ici et nous le voyons chaque jour un peu plus. Les ténèbres embrasent les cœurs et corrompent les esprits.

Comment peut-on prêcher le bien, le pur, le vrai

dans un monde qui s'en détourne en permanence ? Ne craignons pas de le dire : en perdant peu à peu le sens collectif du bien commun, nous faisons périr ce qu'il y a de plus beau dans les relations humaines. À genoux, dans la pénombre, nombreux sont ceux qui sanglotent.

Que ceux qui souhaitent prendre part à la renaissance de notre société se munissent d'un flambeau. Avançons ensemble pour transpercer l'obscurité. Le flambeau est salvateur, symbole de ceux qui ne veulent pas sombrer, étendard de ceux qui, au milieu du chaos, s'engagent à la promotion des vertus. C'est en ce sens que la révolte contre ce monde de brutes donne un visage concret à l'espérance. Chaque phrase est une invitation à puiser dans les racines de la vie ce qu'il y a de plus authentique.

Nous sommes à la veille d'un tournant majeur de l'Histoire, où seules deux issues semblent se dessiner : la chute de notre société ou le renouveau lumineux. Il ne sera plus possible de rester paisiblement assis dans son fauteuil. De même, il ne sera plus possible de tergiverser à l'aube d'un monde nouveau. Dire un petit mot doux de temps en temps ou aider une grand-mère à faire les courses sera très appréciable. Mais soyons clairs, se parfumer ne suffira plus dans un monde nauséabond, corrompu par une forte odeur de haine.

Ainsi, il ne suffit plus de porter un regard critique sur notre société pour vaincre les ténèbres, encore faut-il prendre le glaive et mener un combat acharné. La victoire dans de tels combats n'appartient qu'à ceux qui se nourrissent des fruits de la lumière. Il vous faudra bien du courage pour mener à bien cette tâche. Mais ce courage puise sa source dans notre espérance. Il grandit lorsque nous voyons les fleurs de la lumière s'épanouir autour de nous. Comprenez-vous pourquoi il est nécessaire non seulement d'illuminer son propre être, mais aussi d'éclairer les autres ? La lumière qui irradie d'autrui vous anime, vous inspire et décuple votre force lorsqu'il s'agit d'oser changer l'ordre des choses. Cette lumière se dresse comme un rempart absolu contre la haine enracinée dans les ténèbres. Vous avancerez sereinement. Cette compréhension a permis à de nombreuses personnes de résister au poison du mal. Combattez avec honneur et dévouement, car les ténèbres ne reculeront point. Ne détournez pas le regard du champ de bataille, car les ténèbres ne cesseront jamais d'accabler le monde. Plus vous planterez de bonnes graines, plus les récoltes seront bonnes. Plus vous agirez de la plus belle des manières, plus les cœurs s'adouciront. Plus vous lutterez contre ceux qui s'obstinent à rester dans les ténèbres, plus la lumière transpercera l'obscurité.

# 1. LES TÉNÈBRES

*Face aux ténèbres, nous illuminerons, le cœur léger et la tête haute, toutes ces zones obscures.*

Pendant des années, je me contentais d'avancer dans le noir, sans savoir où aller. Je déambulais, l'air maussade, dans un monde dépourvu de repères. La forêt s'étendait devant moi. Les arbres étaient d'un brun sinistre, leurs feuilles jonchaient le sol, leurs branches déchiraient le ciel bas. L'horizon m'écrasait, triste nuit où la noirceur griffait les plus doux visages. Je m'asseyais sur ce sol en décomposition, prison humide où la confiance se vide. Je fermais les yeux et j'imaginais l'espérance s'envolant dans l'obscurité comme un oiseau aux ailes brisées. Où vas-tu, petit oiseau ? Ne vois-tu pas ton cachot ? D'un air assuré, il s'envolait puis se heurtait à ces barreaux épais. Doucement, petit oiseau, n'entends-tu pas ces craquements sinistres ? Le sol pleure à chaque pas, il hurle ou murmure, je ne sais plus. Mes larmes coulent dans cet endroit putride. Espérance, es-tu là ? Vaincu, j'agonise. Désespoir s'avance de son air blafard, en tyran obscur m'écoute geindre et plante avec amertume ses cruelles graines. Les insectes grouillent sur ma face. La tristesse imprègne l'air et m'oppresse, ôte à la vie tout sentiment d'allégresse, me lacère de ses ombres funestes. Mon âme éplorée est en proie à la tempête. Pourtant, dans cette mer d'agonie, mon esprit divague et cherche un phare. Douce lueur, laisse-moi m'ancrer à toi. Étoile de la nuit, guide-moi, je ne veux plus fuir. Réchauffe mon cœur et mes mains engourdies, je m'abandonne à toi.

Quand nous plongeons dans l'obscurité, une bien triste sensation nous envahit. C'est au cœur du royaume de la nuit que retentit la mélodie enchanteresse des ténèbres. Sombre désert où les mirages, tels d'absurdes abris, nous tendent la main en nous perçant les tympans. Je me rappelle ces longues étreintes où la noirceur m'appelait de sa voix rocailleuse. Ces embrassements pouvaient prendre plusieurs formes.

Parfois, je ressentais les ténèbres comme une purée de pois, insondable et dense, m'encerclant, me glaçant, faisant frissonner mon être. Je me noyais dans ma propre turpitude. La tourmente m'emmenait en balade, et mes pensées les plus sombres surgissaient. Prisonnier de cette geôle mentale, je ne pouvais avancer convenablement. Mes pas étaient incertains, mes jambes tremblaient, et je sentais au plus profond de moi que les ténèbres m'engloutiraient.

Souvent, je ressentais cette tentation à la fois enivrante et terrifiante de succomber à l'appel de l'obscurité. Souvent, je me laissais emporter dans les ténèbres, capitulant face à ces tentations fossoyeuses. Je ne saurais vous dire combien de fois j'ai mis un genou à terre, parfois les deux, entre satisfaction éphémère et profond dégoût de soi. Combien de fois ai-je agi de manière peu recommandable ? Combien de fois ai-je menti ? Combien de fois n'ai-je pas réussi à pardonner directement à quelqu'un ? Combien de fois n'ai-je pas su tendre la main ? Oh oui, bien trop de fois. Combien de fois ai-je regretté d'agir de la sorte ? À chaque fois. Vous l'avez peut-être déjà compris, les ténèbres se manifestent de maintes manières différentes. Nous pouvons être absorbés par les ténèbres, tout comme nous pouvons y plonger consciemment et volontairement. Nous pourrions souffrir seuls et en silence, mais notre société semble s'attacher à jeter un voile opaque devant les yeux de chaque individu. Le monde semble sombrer inexorablement dans une nuit éternelle où l'espérance est poignardée à chaque instant. Beaucoup d'entre nous en subissent les conséquences. Malheureusement, nombreux sont ceux qui dansent en rythme avec leurs démons intérieurs. Dans un ballet macabre, ils répandent leur venin avec amertume, se vautrent dans le stupre et empoisonnent les terres fertiles de l'esprit en y semant les graines les plus impures. L'insulte, le mensonge et l'égoïsme sont leurs armes, et tels des couteaux incandescents, nous les lancent en plein cœur pour y allumer la flamme de leur perfidie. Ils se complaisent à cultiver la haine de l'autre et se délectent de gratter les croûtes de nos blessures émotionnelles. Viles vipères.

Face à cette noirceur, se pose la question suivante : devons-nous, à notre tour, user de leurs stratagèmes pour les contrer ? Je ne le pense point. Ceux qui se prétendent bons ne peuvent se souiller les mains de la sorte. Ceux qui veulent aider les autres ne peuvent ternir leur âme de cette manière. Il est nécessaire de comprendre que derrière ces masques se dissimule une profonde faiblesse. Ces âmes s'égarent, et ne sachant plus où aller, se confondent avec les ténèbres, ignorant à quel point leurs paroles, leurs actes et leurs pensées les ligotent. Quelle tristesse de voir tant de personnes noircir leur âme, renonçant impitoyablement à la lumière. Pourtant, il est essentiel de comprendre ceci : si les ténèbres viennent à bout des plus faibles, c'est aussi et surtout parce que nous les laissons faire. Le manque de lumière se fait ressentir à chaque instant. Se munir d'un flambeau serait déjà un acte d'espérance, afin d'éclairer ceux qui en ont besoin mais aussi d'illuminer notre société. Chaque âme a un rôle à jouer dans l'évolution de notre monde. Une grande responsabilité nous incombe. Certains préfèrent voir cela comme un fardeau, d'autres comme un honneur, prêts à combattre les ténèbres par la lumière pour voir leur prochain s'épanouir dans un monde qui a tant à offrir. Se munir d'un flambeau, c'est avant tout une transformation intérieure. C'est comprendre ce que nous faisons mal pour évoluer vers une meilleure version de soi. En laissant s'exprimer la plus belle des poésies de notre être, nous sommes capables de venir en aide aux autres, contribuant ainsi au rayonnement du monde qui nous entoure. Il est de mon devoir d'agir pour dissiper le brouillard qui s'étend sur notre société, mais je suis conscient de ne pas pouvoir y parvenir seul. Fermez les yeux, inspirez profondément. Voici l'aube d'une vie nouvelle. Voici le crépuscule des perfides.

Êtes-vous prêts à entreprendre cette quête avec moi ?

## 2. L'HOMME CONTRE L'HOMME

*Et ils érigèrent une barrière entre eux…*

Notre société a fait en sorte que chaque individu soit intimement convaincu qu'il ne devait dépendre de personne, alimentant ainsi un climat de méfiance et de doute entre les individus. Une personne ne pourrait être libre qu'en se détachant de tous ses semblables. Elle ne pourrait aspirer à la liberté si elle s'attachait un peu trop aux autres. Cette pensée, aussi pernicieuse soit-elle, est comparable à un caillou que l'on placerait volontairement dans un engrenage. Les personnes qui sont victimes de ce mensonge sabotent leurs belles relations et planifient leur propre chute.

En ce sens, l'autre n'inspire plus confiance. Il est perçu comme un opposant. La moindre forme de dépendance à l'égard d'autrui devient un frein à son propre épanouissement. L'homme moderne ne veut plus être gêné par les autres dans sa quête d'épanouissement personnel. Il aspire à la liberté tout en se cloisonnant lui-même. Il ne veut plus rien de la part des autres. Il ne souhaite plus être éclairé par un autre, mais briller en solitaire. L'idée que certains piliers de son édifice personnel aient pu être érigés grâce à d'autres lui est insupportable, tant sa soif de liberté et d'indépendance est grande. Quelle offense pour lui de penser qu'il peut s'abreuver ailleurs ! Quelle indignité ! Clé de voûte de bien des maux, cette illusion perdure et alimente la haine de ces personnes. Le fait de recevoir n'est plus perçu comme un cadeau, mais comme une punition, une honte, voire un supplice. Une situation tragique dans laquelle se complaisent de nombreuses âmes.

L'homme n'a plus confiance en l'homme. Il pense que l'amour potentiel qu'il reçoit de l'autre est une forme de dépendance. S'il aime, il s'attache. Et s'il s'attache, il s'emprisonne. Tel est le cheminement de pensée des personnes qui ferment volontairement les yeux pour se prélasser dans l'obscurité. La simple lueur d'une bougie devient insupportable, car non seulement l'homme a perdu foi en son prochain, mais il s'obstine également à fermer les yeux face à la lumière. La lumière n'est plus un guide éclairant son chemin, mais une menace susceptible de le brûler. Il préfère avancer à tâtons tant qu'il est en mesure de le faire seul, empreint de l'orgueil démesuré de celui qui pense pouvoir traverser la tempête en solitaire. C'est en préférant se détourner de l'autre que l'homme s'égare profondément. De même, c'est en se détournant de l'amour qu'il plonge dans la tourmente. Cultiver la liberté ne peut se faire qu'à travers l'amour. La liberté ne peut s'acquérir qu'en aimant, car la liberté est un bien partagé. L'égoïste n'est pas libre. Il s'enferme lui-même et contribue à l'enfermement collectif, car sa soif de pouvoir personnel l'empêche de contribuer au bien commun. Nous savons que le bien de l'invidivu est important dans une société, mais le bien de tous revêt un caractère supérieur. C'est en agissant ensemble, pour l'autre, que nous commençons à élargir le champ de notre liberté. En aimant sincèrement notre prochain, nous arrachons les mauvaises herbes qui empêchent nos graines de germer. L'amour est à la fois la terre, l'engrais, la semence et la récolte. Si nous préférons l'égoïsme, nous ne pourrons jamais arracher les mauvaises herbes qui envahissent nos champs.

Si nous approfondissons ces réflexions, nous nous rendons compte que le fait de recevoir effraie une grande partie de la population. Recevoir est alors perçu comme un fardeau, car ces personnes s'imaginent immédiatement en position de débiteur. Ce phénomène ne se limite pas aux biens matériels, puisqu'elles s'imaginent dans la même situation avec l'amour qu'elles reçoivent. Quelle angoisse pour l'homme, créature si orgueilleuse, de se sentir redevable envers autrui ! Pourtant, il est essentiel de nouer des liens avec les autres pour construire des fondations solides. L'homme ne tend plus la main aux autres car il redoute de s'engager avec eux. Il se retrouve ainsi dans une position délicate, tant sur le plan amical que sentimental. En effet, ne semble-t-il pas difficile de construire un avenir radieux lorsque nous avons peur de dépendre des autres ? La dépendance est insupportable à l'homme moderne, tout comme le fait de recevoir. C'est ainsi que l'homme vit dans une bulle négative où la peur l'accompagne.

De surcroît, l'un des problèmes majeurs de notre société réside dans la barrière érigée entre l'individu et la société. Dans certaines circonstances, l'individu se retrouve dans des positions inconfortables, voire affreuses. Mis à l'écart, il ne peut s'épanouir durablement. Cela est particulièrement vrai pour les politiques sociales et économiques, où il est navrant de voir des individus se retrouver en dehors des limites de la société, exclus et marginalisés.

Il est également préoccupant de constater que certains individus agissent sans tenir compte des conséquences potentielles pour la société. L'homme moderne ne semble plus se soucier de son prochain, souhaitant vivre sous le commandement de ses propres désirs et caprices. L'avenir collectif ne semble plus le concerner. L'individualisme se développe au détriment du collectif. En somme, notre société tend de plus en plus à promouvoir l'autonomie totale de l'individu, aux dépens de la fraternité. Or, l'autonomie est une chimère. Chaque être humain est intimement lié, et je me permets même de dire que nous sommes tous intrinsèquement liés les uns aux autres. La société moderne promeut l'indépendance de l'homme, rendant obsolète les mécanismes naturels liant chaque individu. Les relations humaines s'en trouvent détériorées, altérant le regard que nous portons sur l'autre.

Cependant, il est important de comprendre que vos choix, vos paroles et vos agissements ont un effet direct sur les autres et sur la société dans son ensemble. L'indépendance vis-à-vis des autres est une lubie moderne qui ne fait qu'aggraver les plaies ouvertes de notre société. Il ne faut pas oublier que votre épanouissement est aussi lié au destin collectif. Se concentrer uniquement sur l'aspect individuel équivaut à négliger ce qu'il y a de plus beau dans les relations humaines, favorisant ainsi l'émergence d'une société de la solitude et de l'indifférence. Vos choix égoïstes ont un poids sur le devenir de la société. En refusant de reconnaître un quelconque lien entre son propre épanouissement et le bien de la société, vous mettez en péril un équilibre déjà bien trop fragile. En ce sens, prendre conscience que nous pouvons éclairer les autres par nos actions et nos paroles est un grand pas en avant dans le processus de guérison de notre société. Loin de moi l'idée de vous empêcher de prospérer ou de poursuivre vos objectifs personnels. L'idée réside dans la compréhension de votre capacité à apporter la lumière dans les zones obscures. Agir pour le bien de tous procure une joie indescriptible. Ne vous enfermez pas dans l'idée que votre petite vie est tout ce qui compte. Vous êtes capable de faire sourire les autres. Par des gestes simples, vous pouvez contribuer au bien-être de milliers de personnes.

## 3. L'HOMME LYMPHATIQUE

*Inaction et passivité, abandon et désillusion.*

L'homme occidental souffre. À genoux, il éprouve une haine grandissante pour le passé. Il resssent une certaine gêne à exprimer son amour pour son pays. Il voue un culte au présent et au futur en se fondant notamment sur les avancées scientifiques et technologiques. C'est en ce sens que le progrès technologique et scientifique parvient à camoufler aux yeux de l'homme occidental la profonde régression de notre société.

De son œil contemporain, il se permet de critiquer allègrement, se sentant supérieur à ses ancêtres. « Ah, qu'ils étaient niais ces gueux ! » s'exclame-t-il avec son air de matamore. Ainsi, il ne contente plus de relever les erreurs du passé, mais se permet d'en juger l'ensemble en s'en donnant à cœur-joie. Ce phénomène se généralise au fur et à mesure que la volonté de préserver la flamme de la tradition s'estompe. En effaçant la mémoire d'un peuple, nous favorisons les crises sociales et culturelles. C'est en se détournant du passé que nous compromettons l'avenir. Aujourd'hui, nous constatons clairement les conséquences de l'abandon des valeurs et des vertus du passé. Et malheureusement, les récoltes amères de cet abandon se feront de plus en plus ressentir dans les années à venir. Cette volonté de rompre avec le passé est un coup de poignard dans le cœur des générations futures. Nous créons des êtres totalement déracinés, incapables de se repérer dans une société amnésique.

Cependant, il est important de comprendre que chaque individu est fautif d'une manière ou d'une autre. La passivité, l'inaction, la faiblesse et la tiédeur sont autant de facteurs qui contribuent à détruire le feu de la tradition. Si le monde est plongé dans l'obscurité, il est de notre devoir d'agir en conséquence pour l'éclairer et l'illuminer. En agissant avec tiédeur, nous contribuons au remplacement du vrai par le faux, du bon par le mauvais, du beau par le laid, de la vertu par le vice.

Ce mal silencieux touche de nos jours une grande partie de la population. J'aime appeler ce fléau le syndrome de la tiédeur. Ce syndrome se caractérise par la réticence de l'homme à exprimer ce qu'il pense réellement et à faire valoir ses convictions les plus profondes. Cette tiédeur se manifeste par une attitude nonchalante, une absence de courage et, surtout, une fâcheuse propension à agir en contradiction avec ce que l'on pense sincèrement. C'est une tragédie du cœur, une maladie de l'esprit, qui s'oppose incontestablement à la ferveur, révélant le règne de la peur et de la lâcheté sur ce qui importe pour la personne. Ce qui rend cette situation encore plus tragique, c'est que ce syndrome s'accompagne également d'une multitude d'effets négatifs. Une personne incapable d'affirmer ses idées, de défendre les valeurs qui lui sont chères, sera souvent prompte à critiquer, à se plaindre et à geindre. L'homme qui ne défend pas ses principes devient une vipère qui se cache où elle peut pour mordre et diffuser son venin.

Comprenez bien que la tiédeur n'est pas simplement un drame, elle est un fléau pour l'humanité. Elle emprisonne et soumet les hommes. Craignant la réaction de l'autre, l'homme courbe l'échine pour mieux plaire à celui qui se trouve en face de lui. L'ère du numérique a intensifié ce comportement, si bien que nous pourrions parler d'une culture de la duplicité. Les hypocrites se multiplient, font beaucoup de bruit pour plaire au plus grand nombre. Ils modifient leur façon d'agir et de parler en public pour plaire aux autres, trahissant par la même occasion leur vérité intérieure. Je n'ai aucune sympathie pour ces personnes. De nombreuses personnes se plaignent des injustices de ce monde, mais l'engourdissement inhérent à la tiédeur les séduit, donnant naissance à une apathie insidieuse.

Coupable. L'homme moderne est coupable de passivité extrême et encourt la souffrance à perpétuité. L'homme se détache des valeurs, glorifie le vice, tout en se questionnant sur l'origine de son malheur et de sa profonde misère. Il ne souhaite plus se tourner vers la lumière, s'en détourne volontairement pour aduler les biens matériels. Profiter, se divertir, jouir. Rechercher les plaisirs et se laisser aller à ses désirs les plus primitifs. Cherchant une existence dénuée de souffrance et de sacrifice, l'homme se lamente sur les obstacles potentiels qu'il rencontre. L'hédonisme règne, si bien qu'il semble impossible à l'homme moderne d'imaginer souffrir ne serait-ce qu'un seul instant. Ce schéma vide de sens s'est démocratisé et répandu comme une traînée de poudres dans notre société.

Pourtant, il semble qu'une nouvelle génération se

dresse pour lutter contre cette tyrannie. Alors que certains se complaisent dans ce monde anesthésié, d'autres osent se lever. Ils comprennent que le bien-être est un facteur déterminant pour une personne. Ils comprennent aussi que cette passivité et cette recherche exacerbée de biens matériels est vaine. Les ténèbres nous assiègent, et beaucoup s'en rendent compte. La lumière devient un étendard, un symbole d'espérance et d'opposition dans un monde en perdition. Elle rassure et inspire les plus jeunes qui manquent de modèles dans leur vie.

Les hommes ont besoin de lumière. Ils ont besoin d'être inspirés. Ils veulent des héros. Le jeune est vif et fougueux ! Comment peut-il s'épanouir dans une société où ses pairs se complaisent dans la passivité, la recherche des biens matériels et la haine ? Le problème réside dans le fait que pour satisfaire ce besoin pressant, certains sont prêts à altérer les valeurs. Promouvoir les vices et abattre les vertus, telle est leur mission nauséabonde. Ils font croire aux plus jeunes que jouer le rôle du méchant les rend spéciaux, voire charismatiques, que l'immoralité leur confère une certaine aura mystérieuse. Je vomis ces gougnafiers. Ils sont responsables de tant de maux et servent allègrement les ténèbres.

Une société ne peut se construire que sur des bases saines et pures, exemptes de toute souillure. Rien ne se construit sur la haine. Nous pouvons essayer de substituer l'amour, l'entraide, le partage, la bienveillance, la charité, mais toutes ces tentatives se solderont par un échec cuisant. L'orgueil de l'homme le conduit à sa propre perte tant qu'il se convaincra que ces valeurs fondamentales sont facultatives, ou du moins remplaçables, dans notre société.

# 4. LES ILLUSIONS DE CE MONDE

*Ouvrons les yeux, puis luttons.*

Ce que je regrette amèrement dans notre société actuelle, c'est ce goût pour la consommation. L'homme consomme sans cesse pour étouffer le vide intérieur qui le ronge. Consommer jusqu'à s'enchaîner, voilà la destinée funeste qui l'attend. Dans cette quête inextinguible, l'homme erre à la recherche de plaisirs éphémères. Vide constant, insatisfaction permanente. Cette recherche de biens matériels entrave l'esprit et empêche l'homme de se concentrer sur ce qui est important pour lui.

Dans cette quête, l'homme se détourne de la lumière. Il ne se préoccupe plus de son prochain et balaie le spirituel d'un revers de main. Le grand problème de cette course effrénée est que le cœur de l'homme se corrompt. Ce désir de consommer pervertit son existence et les relations sociales. Consommer pour tenter de satisfaire ses moindres caprices. Consommer pour combler la misère de son être. Son âme est délaissée, souillée par la négligence. Le confort dans lequel il baigne l'éloigne de l'autre, accentuant les conséquences amères de l'égoïsme. Il perd de vue l'essentiel, reléguant l'amour et la fraternité au second plan.

Pourtant, ce monde nous hurle chaque jour que la clé du bonheur réside dans le fait de consommer, d'acquérir et de posséder. Notre vie est viciée par la publicité et les relations commerciales. Notre relation avec les autres n'est plus naturelle, mais manipulée et transformée par ces éléments extérieurs. L'évolution technologique et matérielle est pervertie. Oui, le progrès est notable et apporte des avantages considérables dans de nombreux domaines. Cependant, ces avantages sont corrompus et contribuent à alimenter la quête sans fin de l'homme d'accumuler des biens matériels. Le confort ne répond plus à des problématiques vitales, mais à des problématiques accessoires, à tel point que notre société nous promet une vie bien remplie où chacun de nos désirs peut être satisfait. Nous pourrions penser que cela n'est pas si dramatique, que cette évolution n'est qu'une légère dérive du confort dont nous avons besoin pour vivre dignement. Pourtant, nous assistons au développement d'une consommation compulsive. Acheter, consommer, posséder. Vite, encore plus vite, toujours plus vite. Plus, encore plus, toujours plus. Besoin irréfléchi, piège ennemi. La culture de la consommation que notre société nourrit est un fardeau pour l'humanité, enfermant l'homme dans une sphère négative où les dépenses se succèdent et se multiplient. L'homme devient son propre bourreau, à genoux face à des désirs qu'il ne peut plus contrôler. Il consomme et s'endette pour obtenir toujours plus, sans jamais parvenir à se satisfaire. Il finit les mains liées, le regard vide et éteint, la gorge nouée et les jambes tremblantes. Il a perdu à ce jeu corrompu. Les dés sont pipés, peu importe ce que l'on essaie de vous faire croire.

Il est vrai que l'homme a parfois soif d'amour, mais

il faut reconnaître qu'il a souvent faim de biens matériels. Il n'hésite pas à s'empiffrer de richesses, et bien qu'il continue à manger convenablement, son ventre gronde tant il ne peut se rassasier de ce qu'il possède déjà. La gourmandise, telle une laisse épaisse, le maintient captif de ses désirs matérialistes. Dans ce monde de surabondance, le jeûne émerge alors comme une solution pour ceux ayant la force de résister aux tentations de ce festin. Le jeûne offre à l'homme la possibilité de rompre avec la voracité consumériste et de prendre conscience de ce qui compte vraiment. Cet acte de rébellion devient une quête introspective, une plongée délibérée dans les profondeurs de l'âme pour se détourner des artifices de ce monde. Loin d'être une punition, le jeûne est une noble démonstration de volonté.

***

L'homme se veut libre, mais s'enferme lui-même. Il s'agenouille devant la liberté, mais n'adore que son ombre. Car oui, l'homme a oublié le sens premier de la liberté. Autrefois associée au sacré et à la vertu, les ténèbres ont terni cette notion jusqu'à ce qu'elle devienne insipide et insignifiante. Cette nouvelle conception de la liberté ne nous permet plus de nous consacrer corps et âme à une cause. Le désir d'éviter les contraintes, voire de se complaire dans la passivité, a affaibli l'homme. En éradiquant les fondements vertueux de la liberté, l'humanité se condamne à sa propre captivité. C'est ainsi que la flamme de la liberté, qui brillait autrefois de mille feux, s'est éteinte. Les dirigeants, les puissants, les élites ne nous craignent plus. Un bâton à moitié carbonisé fait bien moins peur qu'un flambeau.

Si notre soif de défendre nos convictions ne s'éteint pas à la première contrariété, si les puissants qui nous plongent dans les ténèbres voient toujours en nous cette détermination et cet héroïsme, alors ils pourraient fléchir et desserrer peu à peu nos chaînes. La grande erreur que nous commettons aujourd'hui est de croire que tout est déjà perdu, que nous ne pouvons plus rien faire et que les ténèbres ont déjà triomphé.

Vous vous persuadez que cela n'en vaut plus la peine, que votre liberté ne sera de toute façon pas menacée. Après tout, la recherche effrénée de biens matériels est toujours possible, vous pouvez vivre comme bon vous semble. Vie dénuée de sens. C'est justement lorsque vous vous complaisez dans cette situation léthargique que les ténèbres gagnent du terrain. C'est aussi en acceptant cette situation que les ténèbres prédominent, car elles œuvrent pour vous maintenir dans cette situation.

Chaque seconde est une bataille. Le combat ne fait que commencer, encore faut-il se rendre compte que nous sommes en guerre. La liberté n'est plus. Ou du moins, il ne reste plus que son enveloppe, sa substance s'évaporant peu à peu. L'absence de contraintes devient un idéal à chérir ; la passivité, un travail paisible. Il est crucial de ne pas confondre la liberté avec l'absence de contraintes. La véritable liberté, à laquelle il faut aspirer en toutes circonstances et en tout temps, exige la lutte. Il s'agit en premier lieu d'une lutte contre soi-même, contre ses propres pulsions et désirs, contre sa propre faiblesse et ses insuffisances. La liberté est un phare, une lumière qui guide et inspire, conduisant à la lutte contre ce monde de brutes.

De même, la liberté humaine est une liberté qui se partage avec son prochain. Ce n'est qu'en acceptant les autres avec un amour profond que nous pouvons ouvrir la voie à une forme de libération partagée, permettant à chacun de redécouvrir le véritable sens de la liberté. Comprendre les limites de sa propre liberté, pour ne pas affaiblir celle des autres, est un premier pas majeur pour avancer ensemble, main dans la main, et non pas l'un contre l'autre.

# 5. L'ESPÉRANCE

*Espérez, levez la tête, ne renoncez jamais.*

Notre monde porte les stigmates de la décadence. Certes, quelques voix s'élèvent pour déplorer les carences et les échecs de la société moderne, mais il serait bien ironique de considérer comme salvateurs les propos de ces révoltés mi-blasés, mi-fatigués. Car oui, bien que le constat soit dressé et les symptômes reconnus, les actions peinent à refléter les prises de conscience. Les naufragés préfèrent analyser la situation plutôt que de colmater les brèches de leur navire. Comme il est plus agréable d'aboyer, de constater et donc de se plaindre que de prendre son courage à deux mains pour maintenir le cap. Pire encore, il est indécent de pleurer sur les conséquences dramatiques qui assiègent notre monde si nous ne sommes pas prêts à nous battre et à transmettre des valeurs pour changer le cours des choses. Les jérémiades ne permettent pas de guider chaque personne vers la lumière. La passivité dont fait preuve l'homme moderne est en réalité une complicité tacite avec le statu quo que nous prétendons déplorer.

Face à ce bilan dramatique, il est important de se rappeler que la vengeance, la colère et la haine ne sont que de nouvelles facettes des ténèbres. Lutter contre les ténèbres qui assiègent ce monde en s'appuyant sur ces émotions destructrices ne fait que perpétuer le cycle sans fin des maux qui nous rongent. La transformation de ce monde réside dans la promotion des plus belles valeurs, dans la propagation de la lumière pour chasser l'obscurité. Ce n'est qu'en éclairant les coins sombres avec amour, charité, bienveillance, calme et douceur que nous pouvons aspirer à un changement authentique.

Comme je l'ai déjà mentionné, chacun d'entre nous porte une part de responsabilité non négligeable dans la situation actuelle de notre société. Cela peut passer par nos actions, mais aussi par nos omissions. Il est nécessaire que les gens en prennent conscience. Cette étape, bien que douloureuse, demeure cruciale dans cette volonté de changer en profondeur le monde qui nous entoure.

Mes amis, il est maintenant temps de passer de la plainte à l'action, de la passivité à l'activité, et aujourd'hui plus que jamais, de passer des ténèbres à la lumière. Dresser un constat sur l'état lamentable de notre société est un premier pas. Rédiger un pamphlet contre l'homme moderne est intéressant. Mais il faut aussi avoir le courage et la détermination d'agir et de servir d'exemple à ceux qui nous entourent. En vivant en accord avec les plus belles valeurs, nous inspirons les autres et les incitons à agir de la même manière. Ne perdez jamais espoir, car chaque parole et chaque action peuvent véhiculer un message d'amour et de paix. Espérer ! L'espérance est une bannière que nous devons brandir à chaque instant dans un monde où les batailles se multiplient. Nous nous armons d'amour et de foi pour faire briller les endroits les plus sombres de ce monde.

Alors que les ténèbres se répandent encore et encore, brandir cette bannière semble être bien difficile. Pourtant, c'est bien dans l'espérance que vous pourrez puiser vos forces. Celui qui agit pour le bien ne doit jamais perdre espoir. Ceux qui luttent contre les ténèbres sont confiants, car ils savent que leur cause est juste. Ils savent qu'ils ont déjà gagné. Lorsque vous êtes face à des personnes qui répandent la haine, le désespoir et le malheur, ne vous crispez pas, mais souriez, car elles ont déjà perdu. Ce monde s'assombrit de jour en jour. Celui qui espère a déjà gagné, car l'espérance reflète la détermination et la persévérance de l'âme. Espérer est une victoire contre le désespoir. C'est une victoire contre notre société moderne. Regardez autour de vous et constatez les dérives de ce monde, constatez la régression dans des domaines comme l'art, la littérature, l'éducation et l'architecture. Oui, notre société se porte mal, et certains préfèrent ne pas regarder la réalité en face, conséquence d'une volonté de fermer les yeux pour continuer à vivre dans un imaginaire plaisant.

Quelle grandeur d'âme que d'espérer aujourd'hui ! Espérer, c'est oser traverser la forêt. C'est oser s'aventurer dans le brouillard. Se mettre à genoux, baisser la tête, courber le dos sont autant de petits gestes qui suffisent à faire pénétrer les ténèbres encore plus profondément dans notre vie. Relevez la tête, la révolte contre ce monde de brutes ne fait que commencer.

# 6. NE MENTEZ PAS

*Mentir est une atteinte à la fraternité, un ouragan qui balaie ce qu'il y a de plus beau dans les relations humaines.*

Dans un monde constamment hanté par les ténèbres, l'honnêteté est comme un rayon de lumière qui illumine les cœurs. Ne pas mentir représente dès lors un précepte fondamental qui doit être suivi avec discipline. Pour être franc, je considère ce précepte comme l'un des plus difficiles à suivre au quotidien, tant le fait de mentir est devenu une pratique courante de nos jours.

Le mensonge empoisonne les relations sociales, personnelles et professionnelles. Il nous plonge dans les ténèbres. Il rompt le lien que nous pouvons avoir avec la lumière. Le mensonge est un pilier solide de l'oppression, et certains n'hésitent pas à utiliser cette forme de manipulation pour détruire ce qu'il y a de plus beau dans les relations humaines. Des régimes entiers s'appuient sur le mensonge, des populations entières prospèrent grâce à lui. Des millions d'âmes se nourrissent quotidiennement de mensonges, parfois sans s'en rendre compte. Ces mensonges gangrènent notre société et alimentent les violences sociales. Pauvres humains, ne comprenez-vous pas encore cela ? Pauvres de nous, parviendrons-nous à ouvrir les yeux ? La lumière est pourtant à portée de main. Nous devons le dire sans avoir peur : le monde dans lequel nous vivons est prisonnier du mensonge. Une grande partie des informations que nous voyons, entendons et absorbons sont des poisons élaborés avec ruse, fausseté et tromperie.

Des mensonges sur les relations amoureuses et la prétendue nécessité de ne pas s'appuyer sur des bases solides. Des mensonges sur l'histoire. Des mensonges sur la lumière et l'éternelle volonté d'éradiquer toute espérance. Des mensonges sur le beau au profit de l'informe. Des mensonges dans les hautes sphères de la société, nombreux sont ceux s'appelant Perfidie, prêts à tout pour préserver leurs intérêts au détriment du peuple et de ceux qu'ils représentent. Des mensonges dans les médias pour maintenir au plus bas les hommes en les gavant de négativité. Jouissant d'un réel pouvoir d'influence, les médias sont en mesure de séduire, d'orienter, de manipuler, voire de pervertir des millions de personnes au quotidien. Ils sont une arme de destruction massive qui jette un voile sombre sur notre société. La vérité s'en trouve fragilisée. Les spectateurs de ce théâtre du drame en sortent atrophiés.

Les plus jeunes sont particulièrement vulnérables au pouvoir des médias et il est de notre devoir de les protéger de l'assaut incessant des ténèbres. Ils sont encore fragiles, leur coquille extérieure ne s'est pas encore suffisamment endurcie, leur cœur est encore plus malléable que celui du reste de la population. L'information en continu érode la coquille des plus jeunes, altérant leur structure. La négativité ronge leur protection et s'infiltre dans leur esprit. Quelle indignité de voir des âmes s'associer pour corrompre et tromper ! Les ténèbres ne sont pas à l'autre bout du monde. Elles ne sont pas non plus chez le voisin. Nous y sommes perpétuellement confrontés. Notre société est peuplée de menteurs et d'imposteurs. Pire encore, le fonctionnement même de notre société favorise l'émergence des perfides et des dépravés.

Les grands mensonges de notre monde se multiplient, mais cela ne devrait guère nous étonner. Il est beaucoup plus confortable pour une personne de s'indigner d'un petit mensonge. Après tout, cela peut lui éviter d'avoir à affronter la dure réalité des grands mensonges. Il est si réconfortant de reposer ses yeux pour ne pas avoir à les ouvrir face aux plus gros mensonges. Plus le mensonge est épais et répandu, plus il devient difficile à discerner pour une grande partie de la population. C'est dans cette continuité que les plus gros mensonges parviennent à s'immiscer au plus profond des institutions et des codes.

Le mensonge se faufile dans tous les recoins de nos vies. Ils peuvent être grossiers ou maladroits, peu importe, tant cette multiplication de mensonges empreints d'arrogance combat la vérité. Comment tant de personnes peuvent-elles accepter les mensonges arrogants de ce monde comme des préceptes raisonnables ? En délaissant leur esprit critique au profit du confort et de la passivité, ces individus ferment les yeux pour ne plus jamais se sentir marginalisés. Agenouillés devant le prince des ténèbres, ils lui baisent les pieds pour adhérer aux mensonges tant qu'ils auront le sentiment d'appartenir à la majorité. Hypocrites portant des masques à chaque occasion. Hypocrites en perpétuelle recherche de subterfuges. La vérité fait peur à l'homme, et c'est pourquoi il refuse de la voir dans son intégralité.

Aujourd'hui, nous sommes également confrontés à un problème majeur. Nombreux sont ceux qui mentent pour le plaisir de mentir. Un petit mensonge par-ci, un petit mensonge par-là... Ce plaisir perfide grandit, rongeant peu à peu les merveilles de la sincérité. Pensez à toutes les fois où vous avez menti. Combien de fois avez-vous trompé les autres ? Combien de fois avez-vous déformé la réalité ? Peut-être trop de fois. Être un insurgé aujourd'hui peut se résumer à être prêt à dire la vérité partout et en tout temps. Condamner le mensonge est plus qu'une nécessité, c'est un devoir.

Certes, ce précepte n'est pas le plus facile à suivre. Mais il est tout à fait envisageable que vous puissiez le respecter. Je l'ai fait, et autant vous le dire tout de suite, je ne suis pas plus brillant que vous. Vous pouvez réussir. Vous pouvez contribuer non seulement à votre propre bien-être, mais aussi et surtout à celui des autres. J'ai emprunté les chemins rocailleux de l'honnêteté, évitant chaque obstacle avec la conviction profonde que, même face à la déception d'une vérité douloureuse, une certaine beauté pouvait être trouvée.

Le monde souffre, notre société est à l'agonie, et malgré les assauts incessants de l'obscurité, chaque geste lumineux compte. Ne mentez pas. C'est en concédant un seul centimètre au mensonge que l'obscurité peut se répandre autour de nous. N'écoutez pas ceux qui prétendent que la fiction vous maintient en vie. C'est de la pure folie. La fiction vous maintient dans un état léthargique, vous oppresse et vous empêche de vous élever vers des sommets époustouflants. Munissons-nous du flambeau de l'espérance et, ensemble, aidons ceux qui errent dans l'obscurité.

# 7. QUE VOS PAROLES RAYONNENT

*Insulter est un signe marquant de l'incapacité à faire preuve de retenue. Cela révèle sa propre faiblesse, son incapacité à traiter les autres avec respect et modération.*

L'insulte est une atteinte à la dignité d'autrui. Offense implacable, elle trouble la quiétude du monde, vise le cœur et rompt l'harmonie qui lie les êtres humains entre eux. Celui qui insulte blesse, disqualifie, offense, meurtrit. Mes amis, c'est avec gravité que j'écris ces mots. Celui qui insulte son prochain transperce ses semblables, lacère leur santé, en leur laissant des cicatrices indélébiles. Sur la scène perpétuelle de la vie, chaque diatribe est lourde de sens. Une parole marquante et les spectateurs s'emballent, happés par le récit troublant des acteurs. Il en va de même pour les insultes. Chaque insulte prononcée fait tressaillir le cœur des spectateurs. L'obscurité s'abat alors sur ce grand théâtre, éclipsant la lumière qui, jadis, illuminait la scène.

Les insultes et le manque de respect deviennent presque un réflexe pour certaines personnes. Prenons par exemple le nombre de personnes qui insultent les autres au volant de leur voiture. Un conducteur ralentit et nous voilà plongés dans une symphonie d'injures créatives. Vous me direz que cela n'a guère d'importance, que les mots ne parviennent pas forcément aux oreilles de la personne visée. Pourtant, ces insultes ne font que s'intensifier avec le temps, et les noms d'oiseaux se transforment en blessures violentes. Si vous vous promenez dans la rue en tendant l'oreille, je suis presque sûr qu'au bout de quelques minutes, vous entendrez une insulte. Insulter revient à couper les racines de quelqu'un. En tenant de tels propos, vous empêchez votre prochain de croître.

Je voudrais insister sur un point important. Certaines insultes naissent de l'envie. Lorsque vous vous trouvez face à une personne que vous considérez comme inférieure à vous, que ce soit matériellement, physiquement ou mentalement, l'envie d'insulter ne se manifeste pas. Cette personne ne représente pas une menace. Elle ne vous paraît pas supérieure. D'un simple geste, vous la reléguez à un rang inférieur. En revanche, lorsqu'une personne semble supérieure, ou lorsque ce qu'elle possède suscite votre convoitise, votre envie d'insulter grandit. Les mots empoisonnés fusent, car cette personne incarne désormais une menace potentielle. Une menace pour vous, une menace pour votre estime de soi.

C'est dans cette continuité qu'il faut comprendre à quel point l'envie détruit, anéantit, réduit et dilapide. L'envie est ce péché capital qui se traduit par le désir brûlant que nous avons envers la possession d'autrui. Souffrance de voir ce que l'autre possède. Souffrance aussi douloureuse qu'étrange. C'est cette jalousie, voire cette haine, que nous éprouvons à l'égard des autres qui nous entraîne sur un chemin mortifère, où cohabitent la destruction et la ruine. L’envie est bien plus qu’une porte d’entrée vers le mal, elle en est la billetterie officielle. Ce sentiment d'infériorité est tout simplement insupportable pour beaucoup, à tel point qu'en se crispant, le regard vide et la bouche sèche, ils haïssent l'autre avec une grande sévérité.

Se questionner sur nos actions, y compris sur notre fâcheuse tendance à insulter, est une étape nécessaire sur le chemin de la croissance personnelle et de l'illumination de notre monde. Les insultes sont le reflet de notre ombre, de la partie sombre de notre personnalité, essentiellement constituée d'émotions négatives. Pour comprendre pourquoi nous proférons tant d'insultes au quotidien, il est aujourd'hui plus que jamais crucial de chercher des réponses sincères au plus profond de notre être. Pourquoi continuons-nous à insulter ? Dans quelles circonstances le faisons-nous ? Quelles sont les racines corrompues qui nourrissent notre être ? Comment pouvons-nous améliorer notre vie et celle des autres pour enfin émerger de l'obscurité ? Il s'agit là de toute une série de questions auxquelles il semble judicieux de répondre honnêtement. Identifiez toutes les expériences négatives et les traumatismes qui vous ont marqué au cours de votre vie et qui pèsent encore sur vous aujourd’hui. Plongez dans votre propre passé, explorez les fissures qui se sont ouvertes dans votre cœur, identifiez toutes les influences négatives que vous avez expérimentées au cours de votre vie, qu'elles soient familiales, sociales ou culturelles.

Malheureusement, de nombreuses personnes grandissent dans un environnement où les insultes fusent rapidement, facilement et fréquemment. Il est important de reconnaître ces influences négatives pour briser le cycle des insultes. Pour obtenir les meilleures récoltes, il faut d'abord un champ sain. Il est donc nécessaire d'arracher peu à peu toutes les mauvaises herbes qui peuplent vos terres fertiles. La communication positive est une aptitude à développer dans un monde qui ne se soucie plus de l'autre. En osant parler avec douceur, bienveillance et courtoisie, nous offrons aux autres la possibilité de s'épanouir. Nous nous offrons également la possibilité de maîtriser nos émotions et d'avancer avec sagesse.

Cette pensée représente sans aucun doute l'idéal auquel j'aspire dans ce monde. Un monde où chaque parole serait un chant envoûtant. Mais je ne suis pas dupe. Je sais que ce souhait ne représente qu'un idéal difficile, voire presque impossible à atteindre. Nous avons beau prôner la lumière et ses bienfaits, nous n'en restons pas moins des êtres humains. Comment réagir avec calme et bienveillance lorsque quelqu'un ne cesse de nous insulter ? Comment garder notre sang-froid face aux attaques d'une autre personne ? Pour être honnête, ce ne sera pas facile. Mais nous pouvons y arriver ensemble. Celui qui insulte révèle ses doutes, ses peurs et ses blessures aux yeux de tous. Et l'insulte, telle une tornade, menace de perturber la tranquillité de l'âme. La personne qui vous insulte, se met en colère et se laisse submerger par la haine porte un lourd fardeau, marqué par une instabilité émotionnelle frappante, témoignant de son incapacité à écouter l'autre. Je vous le dis : vous devriez avoir de la peine pour ces personnes. Si vous vous trouvez dans une situation délicate où quelqu'un tente de vous poignarder avec ces mots, armez-vous des éléments importants suivants pour tenter de faire de l'idéal auquel j'aspire une réalité : compassion, empathie, compréhension, distance. Ayez de la compassion pour toutes ces personnes, car elles sont incapables de s'épanouir. Soyez empathiques à leur égard, car l'empathie est un formidable allié lorsqu'il s'agit de comprendre pourquoi ces personnes agissent ainsi. Comprenez pourquoi elles insultent afin de cultiver sagesse et sérénité. Enfin, mettez de la distance entre ces paroles et votre cœur. En effet, aussi grande que soit votre volonté de comprendre et d'aider les autres, certains continueront à baigner dans les ténèbres et feront tout pour vous y plonger. Mais n'oubliez pas que c'est aussi dans ces moments où la tempête fait rage que notre humanité se révèle. L'être humain est un tableau complexe aux couleurs variées, où se mêlent passion et dérision, intrépidité et fragilité. Dans ces moments difficiles, où la tristesse et parfois la colère vous submergent, il semble nécessaire d'avoir la générosité de répondre à l'intimidation par la compréhension. Nous pouvons espérer avancer vers cet idéal qui nous tend les bras, où la plus belle des mélodies résonne dans le concert de la vie. Vous l'aurez compris, il faudra s'armer de courage et de bienveillance dans ce combat.

Outre l'idéal auquel j'aspire, il existe une autre solution : le silence. C'est certainement l'une des meilleures réponses que vous puissiez donner lorsque vous vous trouvez dans une situation désagréable où les insultes fusent. Alors que les mots peuvent nuire ou même détruire, choisir délibérément de garder le silence est un acte de sagesse, un symbole d'honneur et de grandeur.

Le silence est plus qu'une solution de repli, c'est une solution de répit. Se taire et accepter le silence apaise l'esprit. Combien de fois regrettons-nous les mots que nous venons de prononcer en réalisant qu'une meilleure réponse aurait été possible ? La puissance du silence réside dans la possibilité de réfléchir à de meilleures paroles afin d'aborder les situations les plus sombres avec sérénité. Répondre avec douceur et bienveillance ou embrasser le pouvoir du silence sont deux façons fascinantes d'avancer sereinement.

À cet égard, le silence est une capacité souvent sous-estimée de nos jours. L'homme parle sans cesse, incapable de se taire, révélant ainsi son orgueil. L'incapacité à se taire révèle souvent le désir de graver nos pensées et nos paroles dans l'esprit des autres. Le chemin est long, très long, avant d'atteindre une sagesse suffisante pour pouvoir orienter les autres. Éclairer le monde est une tâche complexe. Éclairer passe par le fait de prêcher la bonne parole, mais également par le silence et votre capacité à montrer la voie par vos actions. L'abondance de paroles dans une société où le bruit permanent envahit les esprits est un fléau redoutable. Je crains la garrulité de certains. La loquacité est teintée d'ignorance, source de nombreux mensonges et inexactitudes, fardeau pour l'orateur et sa capacité à affecter les autres.

Parler abondamment est un risque majeur dans votre recherche d'amour et de vérité. Parler sans cesse, c'est se mettre dans une position délicate et se soumettre potentiellement aux fausses paroles, à la prétention et à la médisance. Vous pourriez me rétorquer que j'exagère, que parler pendant des heures avec des amis n'a rien de dramatique et qu'il s'agit plutôt d'un véritable vecteur d'amour et d'épanouissement. Et vous auriez raison, car la communication est essentielle pour créer des liens forts entre les personnes. Néanmoins, un équilibre est indispensable. Le vrai danger réside dans l'excès, dans ce besoin aussi impérieux que pressant de remplir l'air de mots sans réfléchir à leur pertinence ou à leur qualité. La loquacité est un obstacle à la bonne compréhension de l'autre. L'écoute est importante, car elle nous permet de mieux comprendre la personne et d'agir en conséquence pour favoriser son épanouissement. L'écoute est plus que nécessaire pour construire et avancer ensemble. Si vous réduisez votre temps d'écoute en bavardant constamment, vous entravez votre progression vers une communication authentique. Le silence n'est pas seulement l'absence de paroles, c'est aussi un moment de réflexion intense où l'on peut entendre et ressentir plus profondément ce que l'autre a à partager. Alors que parler abondamment ouvre la porte aux erreurs et aux malentendus, le silence fortifie en permettant à ce qui a peut-être déjà été dit de pénétrer dans le cœur.

Évitez donc les monologues longs et redondants. Évitez de parler de vous et de vos exploits pendant des heures, à moins que les circonstances ne l'exigent. Parlez avec modération et modestie pour ne pas ennuyer ou offenser les autres. Si vous devez parler longuement, profitez de l'occasion pour dire du bien des autres. Louez les mérites de votre prochain, faites des compliments sans exagérer, laissez-vous envoûter par les paroles des autres pour mieux comprendre les subtilités de leur existence. Tournez sept fois votre langue dans votre bouche avant de parler, car de nombreuses paroles toxiques pourraient être prononcées. Le silence est l'arme de la lumière. Il agit comme un baume lorsqu'il est utilisé au bon moment. C'est pourquoi votre silence doit être mûr et réfléchi, afin qu'il ne nuise à personne. Le silence ne doit pas être une offense pour l'autre ni une blessure pour soi-même.

Malheureusement, le silence semble souvent être perçu comme une forme d'abandon, un aveu de faiblesse dans une société du brouhaha. Celui qui se tait est souvent considéré comme celui qui se soumet au vacarme incessant. Il prend la forme de celui qui ne peut plus répliquer aux arguments de son agresseur. Il s'incline lentement devant la personne qui parle haut et fort, celle qui noie les autres sous un flot de paroles. Ce problème s'aggrave à mesure que notre société devient de plus en plus bruyante. Les bavards sont poussés sur le devant de la scène, tandis que les silencieux sont relégués au fond de la salle. L'ivresse de se faire entendre se ressent à chaque instant. Mais écouter en silence, c'est s'offrir à l'autre l'espace d'un instant. C'est permettre à notre prochain de faire jaillir une poésie exquise qui résonne en nous. L'humble sait quand il doit garder le silence pour ne pas laisser son orgueil prendre le dessus. Le silence devient un acte empreint d'amour, une démonstration amicale et bienveillante envers nos semblables.

## 8. AIMEZ

*Aimez, en toutes circonstances. Aimer est une invitation à puiser dans les racines de la vie ce qu'il y a de plus merveilleux.*

Je sais que l'obscurité vous emprisonne, que vos pensées noircissent le papier et que votre cœur devient lourd. Néanmoins, je veux que vous sachiez qu'il y a de nombreux cœurs aimants qui sont là pour vous. Ces tendres âmes sont comme des guides et représentent une lueur d'espoir dans le brouillard. Comme un phare dans la tempête, nous sommes nombreux à pouvoir vous aider. Chaque douleur, chaque blessure peut être soulagée avec amour et délicatesse. Nous puiserons dans les racines de la vie ce qu'il y a de plus beau pour vous accompagner.

Chacune de nos paroles et de nos actions est une clé. À quoi sert une clé ? À ouvrir ou à fermer. Vous, vous êtes cette clé, une clé vivante qui a le pouvoir d'ouvrir ou de fermer des portes. Chaque fois que vous insultez une personne, la clé tourne pour verrouiller la porte de la miséricorde et de la bienveillance. De même, si vous détournez le regard d'une âme en peine, vous lui claquez la porte au nez. En revanche, si vous parlez avec calme et sincérité, vous ouvrez la porte, tout comme lorsque vous tendez la main à votre prochain. Cette capacité que nous avons de tourner la clé pour ouvrir ou fermer les portes des relations humaines doit nous interroger sur l'amour que nous pouvons porter à l'autre. Vous possédez un grand pouvoir, il est essentiel d'en prendre conscience, aujourd'hui plus que jamais. Lorsque vous vous promenez dans la rue, avez-vous le courage de regarder dans les yeux le sans-abri qui vous demande quelque chose à manger ? Ou fermez-vous la porte en détournant lâchement le regard ? Prenez-vous le temps de dire bonjour lorsqu'il vous salue ou continuez-vous votre chemin avec indifférence ? Comprenez bien que les décisions que vous prenez influent directement sur la vie des autres. Votre capacité à aimer et à agir avec miséricorde vous permet d'ouvrir des portes formidables. Si vous vous obstinez à fermer des portes, vous prenez le risque d'endommager votre clé et de la condamner à ne plus pouvoir ouvrir une seule porte à l'avenir. Ceux-là seront malheureux, car c'est dans l'amour que se trouve la source de la vie.

Serais-je un brin ennuyeux si je disais que l'amour est nécessaire dans notre société ? Peut-être, mais j'aime réaffirmer ce qui devrait être une évidence. Oui, l'amour est nécessaire dans notre société. C'est un pilier solide, la clé de voûte de notre monde, le fondement vital de tout être humain. Aimer, ce n'est pas seulement embrasser, chérir et apprécier. C'est bien plus que cela, car l'amour inspire, aide, anime et insuffle la vie. L'amour est une merveille, un flambeau lumineux qui éclaire chaque parcelle de notre être. C'est par l'amour que nous pouvons guider vers la lumière ceux qui errent dans les ténèbres. Cet amour se manifeste par de petits gestes concrets au quotidien. Le simple fait de pardonner, de partager et d'aider est un grand acte d'amour. Il est vrai que cela peut paraître difficile dans un monde qui invite à la vengeance et à la haine. Nous avons tous été confrontés à des moments de profonde colère. Une personne nous blesse, des cicatrices indélébiles se forment, et c'est un feu ardent qui brûle en nous. Mais ce feu peut vite devenir incontrôlable si nous laissons la haine l'attiser. La colère nous envahit et nous pousse à prendre des décisions terribles et lourdes de conséquences. Notre équilibre mental s'en trouve affecté.

Si vous giflez un homme mauvais, croyez-vous vraiment qu'il se précipitera vers la lumière ? Non, il s'enfoncera encore plus dans l'abîme de l'hostilité et du ressentiment. Prisonnier de sa propre turpitude. Il est impératif que nous, les porteurs du flambeau de la lumière, œuvrions à un changement de paradigme. Une tâche difficile, qui semble parfois vaine, tant le cœur de certaines personnes est imprégné de pourriture et de laideur. Pourtant, chaque effort lumineux est un grand pas en avant vers ce qu'il y a de plus beau. Cependant, cette lumière ne doit pas servir à justifier la passivité et la faiblesse de certaines personnes. Ce n'est pas parce que nous agissons avec douceur et amour que nous nous mettons à genoux devant les ténèbres. Ne souhaitez pas la chute de ceux qui vous haïssent obstinément. N'espérez pas le malheur de ceux qui vous ont fait du tort. Aimez-les. Aimez-les avec sincérité. Nous devons aimer nos ennemis. Mais nous devons aussi et surtout savoir qui sont nos ennemis, et ne pas hésiter à les nommer, afin de savoir qui œuvre pour la lumière et qui répand les ténèbres. De même, aimer ne signifie pas abdiquer.

Ceux qui mettent en péril le bien commun de notre société doivent être clairement identifiés. De même, combattre devient nécessaire lorsque les circonstances l'exigent. Aimez et agissez s'il le faut.

Ce que j'essaie de vous faire comprendre, c'est qu'en réalité, le mal se dissipe grâce au bien. Mais sachez une chose : il y a une grande différence entre un conflit entre quelques personnes et un combat spirituel impliquant la société entière. Comprenez bien cette différence. Certaines problématiques ne pourront être résolues en jetant des pétales de rose.

Concentrons-nous sur les altercations potentielles entre plusieurs personnes. Lorsqu'une personne vous frappe et que vous ripostez de la même manière, comment puis-je blâmer une telle réaction ? Lorsqu'une personne profère des propos offensants à votre égard et que vous répondez de la même façon, dois-je vous condamner ? Mes amis, je comprends parfaitement celui qui répond ainsi. Mais celui qui répond au mal par le bien creuse un fossé énorme entre lui et la personne précédente. Quelle sagesse de vouloir éclairer dans un monde en proie aux ténèbres ! Cette capacité à tendre vers la lumière en toutes circonstances grandit tout au long de votre existence, du moment que votre cœur s'y consacre sincèrement. Cette volonté de faire le bien vous propulse sur la voie de l'amélioration, à l'instar d'un entraîneur guidant son athlète vers la progression.

Alors que je rédige ces quelques réflexions, un souvenir particulier me revient à l'esprit. Je me souviens de ces moments passés à discuter avec un ami. Il venait de se séparer de sa petite amie de l'époque. Elle s'était montrée particulièrement acerbe dans ses propos. Mon ami, dans son désarroi, se livrait avec une grande sincérité et exprimait ses sentiments les plus profonds. Nous avons passé des heures à parler de lui, d'elle, de son ressentiment et de son avenir. Je voyais à quel point il souffrait, et plus le temps passait, plus sa tristesse se transformait en colère, et plus le temps passait, plus sa colère se transformait en haine sourde. Ces longues discussions étaient fréquentes. En l'espace de quelques semaines, nous avons abordé le sujet sept ou huit fois. Et au fur et à mesure que le temps passait, je remarquais un changement dans le comportement de mon ami. Sa haine se transformait progressivement en indifférence. Il ne parlait plus d'elle avec rage. Ses yeux ne s'écarquillaient plus, son regard s'était apaisé. Je ne voyais plus cette flamme brûlait en lui. Était-ce terminé ? Je voyais en lui un grand glacier.

Le soir, en repensant à nos conversations, je me suis rendu compte d'une chose essentielle. Certains aiment dire que le contraire de l'amour n'est pas la haine, mais l'indifférence. Pourtant, l'indifférence n'est en réalité qu'une forme de haine contenue. C'est un brasier que l'on recouvre d'un torchon. Dans ces situations, l'indifférence n'aide pas à la guérison, bien au contraire. C'est une bombe, enfouie sous la peau, attendant le moment opportun pour exploser.

Mon ami en a pris conscience lorsque nous avons abordé à nouveau le sujet. Sa guérison a été longue et difficile. Il a cessé d'enfouir ses émotions et a commencé à comprendre que vivre dans la haine, le mépris ou même l'indifférence maintient dans l'obscurité. Ainsi, il est de notre devoir d'accompagner ceux qui souffrent vers la lumière.

Je répète souvent qu'aimer est un acte puissant. Et je le pense sincèrement. Mais aimer aimer est tout aussi puissant, si ce n'est plus. Ma grand-mère l'avait parfaitement compris. À chaque instant, elle exprimait son amour pour les autres. Elle ne cessait d'agir avec bienveillance et délicatesse pour réchauffer le cœur de ceux qui souffraient. Elle aimait aimer. Je crois que c'est ce qui caractérise le mieux ma chère mamie. Tout au long de sa vie, elle n'a cessé d'offrir son amour à ceux qui l'entouraient : les enfants malades qu'elle soignait dans le cadre de son travail, ses amis, sa famille, le monde entier, moi-même.

Je crois que cette manière de vivre est un merveilleux modèle à suivre. Lorsque vous atteignez un stade où le simple fait d'aimer vous remplit de joie, votre existence prend un tournant décisif. Vous n'avez plus besoin de vous encombrer de biens aussi futiles qu'inutiles. Vous œuvrez pour le bien commun et l'humanité ne peut qu'être reconnaissante de votre existence. En somme, aimer aimer est une source de renouveau authentique, comme le comprenait ma grand-mère. Le simple épanouissement des autres était un cadeau pour elle. Un sourire sur le visage de quelqu'un suffisait à remplir son cœur. Vous pourriez penser que j'idéalise mon récit, que mes souvenirs embellissent la réalité, que je magnifie les qualités de ma grand-mère pour lui rendre hommage. Mais ce que je dis là est la vérité.

S'abreuver du bien-être des autres, donner sans réserve, ouvrir son cœur au monde, n'est-ce pas la recette d'une vie pleine de sens ? N'est-ce pas le chemin que nous devrions tous emprunter ? Comme il est merveilleux d'être comblé en aimant ! Vous connaissez la voie à suivre. Ouvrez votre cœur pour en comprendre le sens.

# 9. PARDONNEZ

*Le pardon est nécessaire pour avancer durablement dans la vie. La haine et le mépris vous maintiennent dans les ténèbres et la tourmente.*

Pardonner, c'est aussi se libérer. C'est avancer pour mieux s'aimer. Les ombres de la haine et du mépris enchaînent l'âme dans un tourbillon obscur, alors que le pardon invite à l'humilité. Le pardon révèle les cœurs purs et apaise les feux brûlants de la haine. Il nous rappelle que nous sommes nous aussi sujets à la grâce du pardon des autres, car il nous arrive de trébucher et de blesser. Certaines personnes prennent le temps de nous pardonner. Faisons de même et allons de l'avant. Reconnaissons nos faiblesses et nos manquements. Dans un océan de cicatrices et de blessures, le pardon est le radeau où nos cœurs se reposeront.

Que nous le voulions ou non, nous entrons dans une ère où la violence occupe une place prépondérante autour de nous, peut-être même sans que nous en ayons conscience. Cette violence se traduit par une multitude de comportements, qu'ils soient flagrants ou plus subtils. Des coups, des insultes, des agressions et bien d'autres actes que je n'ose citer ici. Vous êtes tous confrontés en permanence à cette vague de négativité.

Dès votre plus jeune âge, vous avez été conditionnés à répondre à l'insulte par l'insulte, à la haine par la haine. Tragique. Dois-je vous faire des reproches à ce sujet ? Certainement pas. Ce mécanisme est tout à fait naturel. Vous avez assimilé ces réponses comme les bonnes réactions à adopter dans de telles situations. Œil pour œil et dent pour dent. Aujourd'hui encore, de nombreuses personnes plaident en faveur de la loi du talion. Rien de surprenant à cela, car il semble y avoir une tendance croissante à normaliser la vengeance.

Pourtant, le refus catégorique de la violence demeure nécessaire. C'est en acceptant de ne plus répondre à la violence par la violence que vous pourrez illuminer le monde et éclairer ceux qui en ont besoin. Si quelqu'un vous insulte, pourquoi devriez-vous emplir votre esprit de pensées obscures ? Ne vous laissez pas dominer par le mal qui vous est fait. Ainsi, le pardon et l'amour sont étroitement liés. L'incapacité à pardonner empêche d'aimer avec sincérité et sérénité. La rancœur est un poison puissant qui anesthésie toute possibilité de pardonner à long terme. Pire encore, la rancœur engourdit le coeur et vous condamne à vivre dans la tourmente. De nombreuses personnes que vous côtoyez au quotidien tombent tête la première dans ce piège.

Il est vrai que le pardon ne se révèle pas toujours être une démarche rationnelle. Lorsque certains événements arrachent une partie de vous, le pardon semble être la dernière chose que vous souhaitez embrasser. Comment un homme pourrait-il pardonner au meurtrier de son fils ? Comment une personne pourrait-elle pardonner à son agresseur ? Dans la plupart des cas, la capacité à pardonner ne se manifeste pas immédiatement. Certaines personnes mettent plusieurs années avant de regarder à nouveau leur bourreau sans animosité. Dans les champs de la négativité, la fleur du pardon semble si lointaine. Dans le désert de l'horreur, la source d'eau semble inatteignable. Pourtant, il est fondamental de continuer à avancer pour contempler cette fleur ou pour s'abreuver. Vous pouvez guérir. Guérir pour mieux vivre, même si la personne qui vous a blessé n'a jamais présenté d'excuses. Le pardon agit comme un pansement sur les plaies qui restent ouvertes. La haine vous incite à gratter vos croûtes. Le pardon vous libère des fardeaux qui vous oppressent.

Vous savez, il m'a longtemps été difficile de pardonner à ceux qui m'ont fait du mal quand j'étais plus jeune. Le processus de guérison a été long, très long, mais les blessures ont fini par cicatriser. Il m'a été d'autant plus difficile de pardonner à ceux qui m'ont empêché de voir ma grand-mère pour la dernière fois lorsque la pandémie mondiale de Covid-19 répandait ses graines. Oui, j'aurais voulu lui dire au revoir. Imaginez ma colère au moment où l'on m'a annoncé avec indifférence que je n'avais pas le droit de lui rendre visite lorsqu'elle était hospitalisée. « Désolé, mais vous ne pouvez pas lui rendre visite, les visites sont limitées. » Seule ma mère pouvait la voir. Les larmes aux yeux, je bouillonnais. Je pense que mon regard aurait pu noircir la face de n'importe qui, tant il restait sombre. Pour être honnête, la haine m'a longtemps accompagné dans cette épreuve. Deux semaines d'hospitalisation, marquées par une profonde colère. Vous savez, cette colère si intense qu'elle vous prend aux tripes et ne vous lâche plus. Deux semaines pendant lesquelles je me suis demandé comment certaines personnes avaient pu faire une telle chose à ma famille et à moi-même. Deux semaines pendant lesquelles j'ai inlassablement gratté les croûtes de mes blessures sans être capable de les laisser guérir ne serait-ce qu'un instant. Puis la fin. Je n'ai pas besoin de vous faire un dessin, c'était une période terrible à vivre. Maudit cancer. Maudite pandémie. Maudit règlement. Haine, colère, ressentiment. Répétez ce cycle en boucle et vous vous retrouverez avec mon état d'esprit pendant des semaines. Détresse, souffrance, douleur. Encore et encore. Cela semblait sans fin. Obscurité, ténèbres, pénombre. Je ne voyais plus la lumière. Le jour de son décès, je suis rentré chez moi et, plein de colère, j'ai écrit les mots suivants :

« Société souillée par l'indifférence. Je n'ai pas pu te dire au revoir. Vous porterez ma souffrance sur vos épaules pour le restant de vos jours. Je n'ai pas pu te voir une dernière fois. Ils sont coupables. Pourquoi ne me laisse-t-il pas entendre ta douce voix une fois de plus ? Toi, mon étoile. Toi, ma source de vie. Putain. J'aurais voulu me noyer dans tes yeux plutôt que dans mes propres larmes. Je t'aime. »

Pardonner était loin d'être une mince affaire. C'était une lutte, une épreuve difficile. Au fil des semaines, j'ai compris que le ressentiment ne me mènerait nulle part. Le pardon était un remède. Il a éliminé les dernières toxines de mon organisme. J'ai su trouver la force suffisante pour ne plus me laisser tourmenter. Je vous le dis mes amis, voilà le chemin que vous devez emprunter pour vous soulager. Le pardon vous libère du poids de l'amertume et de la colère, apaise votre cœur et vous permet de planter les plus belles graines. Pardonner, c'est l'alliance parfaite entre l'exploration de ses peines et la réconciliation avec l'autre. C'est s'aventurer là où ça fait mal pour y faire jaillir la plus belle des poésies.

Mais le pardon implique-t-il nécessairement l'oubli ? Non, au contraire. Pardonner n'est pas un acte désintéressé. La personne qui pardonne n'est en aucun cas crédule. Pardonnez, mais n'oubliez pas. Vous avez souffert, vous avez avancé malgré la douleur, vous avez grandi à travers ces épreuves. Maintenant, ce sont ces mêmes épreuves qui vous guideront dans la vie. Oublier reviendrait à effacer vos expériences. Lorsque les athlètes échouent, ils apprennent. Les échecs enseignent des leçons précieuses. Une personne qui réussit est avant tout une personne qui sait tirer profit de ses échecs. De même, une personne qui n'oublie jamais ce qu'elle a enduré est une personne qui grandit en tant qu'être humain et qui est capable de ne plus tomber dans les mêmes pièges.

Abreuvez-vous de la sagesse du pardon pour ne plus être une proie pour ceux qui se complaisent dans l'obscurité. À cet égard, je crois qu'il est important d'évoquer une histoire qui s'est déroulée il y a quelques années. Elle illustre à merveille le fait que le pardon est un acte empreint d'une profonde sagesse. Un jour, je parlais à une de mes connaissances. Une personne que je ne connaissais pas assez bien pour la considérer comme une amie, mais qui m'était étrangement proche. Vous savez, ces personnes qui brillent de l'intérieur, où leur lumière est visible dans leurs yeux, leur façon d'agir ou de parler.

Des âmes que l'on souhaiterait pouvoir chérir, tant leur cœur est pur. Par une soirée d'été ensoleillée, nous parlions de tout et de rien, les paroles se succédaient et le temps s'écoulait. Nous discutions des cours, des professeurs, des matières, de nos connaissances communes, de nos forces et de nos faiblesses... Je me plaignais des mathématiques et de mon ennui constant dans cette matière. Elle aussi n'en pouvait plus. Je racontais à quel point j'attendais avec impatience la récréation. Silence. Elle n'attendait pas la récréation avec impatience, bien au contraire.

Pour moi, la cour de récréation était le lieu où les cris de joie éclataient, où les rires s'envolaient vers le ciel et où les sourires prenaient forme. C'était l'endroit où les bancs accueillaient avec tendresse les confidences enfantines et où les secrets se confessaient avec insouciance. Et quand la cloche retentissait, l'école de la vie laissait place à l'école de l'ennui.

Pour elle, la cour de récréation était un lieu où les regards désabusés se succédaient et où les larmes s'étouffaient au fond des toilettes. C'était l'endroit où les bancs accueillaient avec violence les insultes aiguisées et où le harcèlement s'intensifiait cruellement. Et quand la cloche retentissait, les cris d'horreur se transformaient en murmures de douleur.

Intrigué, je restais très attentif. Elle termina son grand verre d'eau et commença à raconter son histoire. Elle a été harcelée à l'école pendant de nombreux mois. Moqueries, insultes, critiques. Une combinaison destructrice qui touche malheureusement de nombreuses personnes. Elle m'a parlé de l'un de ses tortionnaires : turbulent, méchant, vicieux. Elle décrivait à quel point cette personne pouvait être cruelle avec elle. Populaire et apprécié par la plupart, profondément malveillant envers certains. Son calvaire dura quatre mois. Quatre mois, c'est une éternité, surtout lorsque les autres ne bronchent pas. Cela devient encore plus long lorsque ceux qui sont témoins de ces humiliations les amplifient à la moindre occasion.

Tout au long de son récit, quelque chose m'intriguait. Son discours n'était pas teinté d'amertume. La description de son tyran ne semblait pas exagérée. Elle ne crachait pas les mots quand elle les prononçait. Quand on sait à quel point le harcèlement détruit des vies, je m'attendais à ce qu'elle insulte son bourreau, tremble, s'énerve, perde son sang-froid. Mais ce n'était pas le cas. Sa voix était douce, apaisée, comme si elle préférait se concentrer sur le parfum envoûtant de la rose plutôt que sur les épines qu'on lui avait plantées. J'étais témoin d'une véritable leçon de sagesse. Je me sentais presque écrasé par la bonté qui émanait d'elle, et malgré tous mes efforts pour me mettre à sa place, je n'arrivais pas à comprendre comment elle avait réussi à transformer l'amertume en sucre.

Il n'a pas fallu longtemps pour qu'elle aborde le thème du pardon. Les mots qui ont suivi sont restés gravés dans ma mémoire. Jamais je ne pourrais oublier les mots lourds de sens qu'elle prononça pour promouvoir les bienfaits du pardon Les années ont passé, alors pardonnez-moi si mes mots ne sont pas la copie conforme de ce qu'elle m'a dit ce jour-là. Je peux toutefois vous assurer qu'ils restent fidèles à l'esprit de ses paroles :

« Lorsque j'ai pardonné à ceux qui m'avaient fait du mal quand j'étais jeune, je me suis en quelque sorte libérée de leur influence. Je n'oublierai pas ceux qui m'ont insultée et ridiculisée. Je ne peux pas et je ne veux pas le faire. Ces événements m'ont façonnée et m'ont permis de devenir la personne que je suis aujourd'hui. En pardonnant, j'ai pu briser les chaînes qui me liaient à ces idiots. Je n'aurais jamais pu construire des fondations solides sur la haine. Les excuses que j'ai pu recevoir de ces personnes n'ont rien changé à ma façon d'agir et de penser. J'ai pardonné et j'ai continué à avancer. Leurs excuses, qui me sont parvenues bien plus tard, n'étaient même plus nécessaires. Je n'ai pas attendu de recevoir des excuses pour me reconstruire. »

En cette douce soirée d'été, j'ai été marqué par une grande leçon de vie. C'est aussi la raison pour laquelle je reste fermement convaincu que les messages véhiculés autour du thème du pardon sont puissants et peuvent changer le monde. Les discours qui glorifient le pardon et la paix ont le mérite de laisser une profonde empreinte sur chaque être. Le pardon pourrait transformer le monde à tout jamais, en asséchant les rivières de haine qui ravagent ce qu'il y a de meilleur dans les relations humaines.

## 10. AFFIRMEZ VOS PAROLES

*Mes amis, ne craignez pas le regard des autres. Ne vous trahissez pas pour plaire aux autres. C'est le plus beau cadeau que vous puissiez vous faire.*

La société vous méprise et rit de vous lorsque vous revendiquez fièrement vos valeurs. Elle tourne en dérision vos principes et votre détermination en essayant de vous rabaisser. Soyez forts quand vous défendez vos valeurs et ne vous agenouillez jamais quand ceux qui se complaisent dans les ténèbres vous accablent. Ne versez pas de larmes devant eux, car ils n'auront aucune compassion. Ne vous inclinez pas, car ils profiteront de cette opportunité pour vous frapper de plein fouet. Ne faiblissez pas, car à la moindre occasion, ils porteront atteinte à votre réputation pour vous nuire. Défendre ses idées demande du courage, c'est un fait. Nous savons à quel point la pression sociale peut être puissante de nos jours. La peur de déplaire devient une menace permanente qui pousse de nombreuses personnes à dissimuler leurs véritables pensées. Elles se rallient en public à la pensée dominante afin de se faire accepter. Il est compréhensible d'avoir peur d'être rejeté. Il est légitime d'avoir peur de ne pas être aimé. Pourtant, s'affirmer, c'est vivre. C'est agir avec authenticité pour ne pas tromper l'autre. C'est aussi et surtout s'aimer soi-même afin de ne pas se trahir pour plaire. Dans un monde assujetti à la tyrannie de la pensée unique, oser dire ce que l'on pense devient un acte de rébellion. Adhérez à la doctrine ou vous serez rejetés à la fin. C'est effrayant, et je le comprends parfaitement. Résister à cette tyrannie est cependant le moyen le plus efficace de ne pas tomber sous le joug de ce totalitarisme intellectuel. L'affirmation de soi garantit la souveraineté de son propre esprit. Vous pouvez vous affirmer en osant dire que vous n'êtes pas d'accord avec une personne. S'affirmer peut également se traduire par le fait d'oser revendiquer ses valeurs et ses convictions. Un simple « oui » ou « non » en accord avec ce que vous voulez vraiment vous évite de renoncer à ce qui est le plus important pour vous. Renoncer à être soi-même, à s'affirmer et à défendre ses convictions quand cela est nécessaire est une tragédie. Un torrent de problématiques s'abat sur vous et érode votre âme.

Le plus gros problème de cette incapacité à affirmer ses paroles réside dans le fait de se trahir soi-même. Supposons que vous croyiez en Dieu. Vous discutez avec plusieurs personnes qui commencent à se moquer de votre religion, de Dieu et des croyants. Une sensation désagréable s'installe et vous afflige. Ils rient grassement et votre seul réflexe est de feindre un sourire forcé. Pathétique, n'est-ce pas ? C'est pourtant ce qui arrive à de nombreuses personnes de nos jours. Ils hochent la tête en silence parce qu'ils ont peur d'affirmer qui ils sont vraiment. Ils ont peur de mettre en avant leurs convictions et leurs croyances lorsque les personnes qui les entourent ne partagent pas les mêmes points de vue. Si nous reprenons l'exemple précédent, le simple fait d'acquiescer revient à arracher un morceau de son âme et à renier Dieu d'un simple geste. Trahison, faiblesse, lâcheté.

De surcroît, répudier fréquemment ses croyances, ses valeurs et ses convictions ternit vos relations avec les autres. D'une part, parce que vous n'osez pas assumer qui vous êtes réellement et, d'autre part, parce que vous alimentez une insatisfaction permanente. Le problème est que cette insatisfaction se transforme peu à peu en crispation. Vous réagirez avec hostilité à certaines remarques. Vous adopterez un comportement passif-agressif et perdrez peu à peu le contrôle de vos émotions. Ainsi, ne pas s'affirmer est une plaie. Chaque parole qui vous touche s'engouffre dans ces blessures. Votre incapacité à exprimer ce que vous pensez ne vous permet pas de guérir.

Ne pas oser dire ce que l'on pense vraiment éloigne de l'autre. Cette attitude crée également une barrière opaque entre votre cœur et vos actes. La crainte vous envahit et votre cœur semble en guerre permanente. Il est impératif d'oser s'affirmer. Libérez-vous de ce fardeau qui pèse sur vous, car vous n'avez pas à porter un tel poids en permanence. Vous ne devez pas avoir peur d'exprimer vos vraies pensées. Affichez vos valeurs avec fierté. Ne sabotez pas votre stabilité mentale et spirituelle pour plaire à certaines personnes. Ne vendez pas votre âme pour quelques privilèges. Chaque individu porte en lui une étincelle de lumière. Si vous rayonnez, vous éclairerez ceux qui vous entourent. Telle est la voie qui s'offre à vous.

C'est pourquoi, lorsqu'il s'agit d'apporter de la lumière au monde, il est essentiel de cultiver une attitude aimante et patiente à l'égard de ceux qui ont des opinions divergentes. Lorsque vous dialoguez avec quelqu'un qui exprime une opinion contraire à vos propres convictions, il peut être tentant de défendre agressivement votre point de vue. Or, agir de la sorte ne conduit qu'à des querelles inutiles, détruisant tout espoir de voir l'autre comprendre son point de vue. Quand il est question d'éclairer le monde qui nous entoure, une attitude bien différente doit être adoptée. Je dirais même qu'être irréprochable en toutes circonstances devrait être votre objectif. Au lieu de vous mettre en colère, essayez de comprendre pourquoi la personne pense ainsi. C'est en faisant preuve de respect que vous créerez une zone de confort propice au dialogue.

Il ne suffit pas de frapper quelqu'un avec une torche pour que la lumière jaillisse. La lumière doit pénétrer dans le cœur de ceux qui sont plongés dans les ténèbres. Mais ces éclats de lumière ne sont peut-être pas aussi époustouflants que certains l'espèrent. Éclairer les autres, c'est plus qu'un feu d'artifice, qui reste si éphémère et si bruyant. Peut-être qu'aujourd'hui, semer des graines représente une manière plus subtile de tisser des liens profonds entre chaque individu et la lumière. Imaginez que chaque mot, chaque petit geste est une parcelle fertile où vous pouvez planter des graines de compréhension et d'amour. Ces graines auront besoin de temps pour germer et porter des fruits. Il est donc essentiel de comprendre que des changements profonds dans l'esprit d'une personne ne peuvent pas se faire en un claquement de doigts. Faire jaillir la lumière dans l'obscurité des cœurs est une tâche ardue, fastidieuse et éprouvante qui exige de nous une grande patience. Vous devrez persévérer. Il y aura des moments de frustration et de doute, mais il faudra tenir bon et se battre, car une seule graine peut donner naissance à un arbre majestueux qui nourrira des générations entières. Et lorsque ces graines germeront enfin, lorsque vous verrez de vos propres yeux les fruits de votre travail, vous comprendrez le rôle important que vous avez joué dans un monde en quête de sens. La tâche semble intimidante de prime abord, mais la lumière, par sa grandeur, sa puissance et son humilité, triomphe de tout.

# 11. UN PETIT MESSAGE D'AMOUR

*Partagez vos peines, laissez vos larmes couler, nous sommes là pour vous.*

Ne laissez pas le désespoir éclipser l'amour que nous vous portons. Rappelez-vous les nombreuses raisons que vous avez de continuer à vivre. Vous tenez à votre famille. Vous pouvez aider les autres. Vous êtes utile, par votre travail, vos qualités, votre personnalité. Vous pouvez faire le bien, être attentionné, aimer. Vos preuves d'amour comptent et remplissent les cœurs de lumière.

Rappelez-vous que vous n'êtes pas seul. N'hésitez jamais à demander de l'aide. La vie est une aventure où amour et bienveillance se doivent de nous accompagner. N'oubliez pas qu'un fardeau semble bien plus léger sur les épaules d'autrui. Avec tendresse, nous pouvons vous accompagner là où tout semble perdu. Nous cheminerons ensemble.

Rappelez-vous à quel point votre vie compte. Votre présence est un cadeau pour le monde, votre sourire peut illuminer.

Rappelez-vous que de nombreuses personnes peuvent vous offrir de leur temps. Nous pouvons vous écouter, nous pouvons vous tendre la main.

# 12. LES CARNETS

*Et je rêvais d'un monde meilleur…*

j'ai vu la désolation
le sol qui pleure à chaque pas
les branches qui déchirent le ciel bas
la pluie qui s'abat avec fracas

j'ai vu la désolation
la tristesse qui m'oppresse
l'espérance qui régresse
la solitude qui m'agresse

il y a aura des malheureux
il y aura des âmes errantes
il y aura des imprudents
il y aura des pleurs
et dans ce ballet macabre
au cœur de cette étrange chorégraphie
les regrets s'intensifieront

il fait froid dans mon cœur
comme un hiver sur le port
les vagues m'emportent
tel un bâteau à la dérive

je ne ressens plus rien
mon âme est en proie à la tempête
pourquoi fait-il si froid ?
voilà les marées du déni

je ne sais plus ce qui comble mon être
ni ardeur, ni rancœur
seulement cette brume épaisse
enveloppant ma coque rigide

je ne suis qu'une épave
dans cette mer agitée
mes pensées effacées
et mon passé délaissée

je suis noyé
dans les torrents du paraître
regarde-moi sourire
ou juste souffrir

**Que vos parfois se transforment en toujours.**

**Que vos bientôt se transforment en enfin.**

je voulais hurler la vie
dans les champs du Midi

exquise folie
je n'avais pas vu tous ces endormis

lorsque je repense à tous ces moments
mes yeux s'embrument
puis s'éclaircissent
je ne pense qu'à toi
étoile des neiges
sentinelle éphémère
beauté nitescente
je ne t'oublierai jamais

est-ce que vous comprenez ?
il est plus beau de donner que de recevoir

est-ce que vous comprenez ?
avoir un cœur pur est merveilleux, peu importe la dureté de la vie

est-ce que vous comprenez ?
il ne faut jamais regretter d'avoir donné, aimé, partagé

est-ce que vous comprenez ?
soyez tous fiers de réciter la plus belle des poésies dans le cœur des autres

sur l'océan du désir
je voguais en quête d'êtres à chérir
ou de cœurs à séduire
doux souvenir
je choisissais de m'épanouir
sans jamais dépérir
quelques rêves à bâtir
et des instants à saisir
je t'ai vu resplendir
tendre âme à conquérir
je ne voulais plus fuir

je ferai tout pour m'améliorer

je verrai le soleil se lever demain matin

j'avancerai sans crainte

je ne baisserai pas les yeux

je serai meilleur qu'hier

je ne courberai pas l'échine

je réussirai là où j'échouais auparavant

je vaincrai mes démons intérieurs

je renaîtrai de mes cendres

je sculpterai mon avenir

je gravirai des montagnes

je cueillerai les plus belles fleurs

je briserai les chaînes de la haine

j'aimerai en toutes circonstances

je serai l'artisan d'un monde meilleur

**Quand tout va mal, il suffit parfois de regarder ce que l'on a déjà accompli.**

**Arrêtez-vous un instant et pensez à la situation dans laquelle vous vous trouviez il y a un, deux ou six mois.**

**Vous avez traversé la tempête. Vous avez réussi là où vous étiez sûr d'échouer auparavant.**

**N'oubliez pas tous les efforts que vous avez déployé en cours de route.**

s'isoler et s'éloigner des autres
c'est à la fois se blesser et se soigner
c'est l'alliance parfaite entre
l'exploration de ses peines
et la réconciliation avec soi
c'est s'aventurer là où
ça fait mal
pour y faire jaillir
la plus belle des poésies

errant

seul

à la recherche

d'une douce mélodie intérieure

je tente de braver la tempête

plogeant dans

mes propres ténèbres

à la recherche

de cette étincelle

je souffre

et m'épanouis

belle et si cruelle solitude

**Je suis désolé que le monde t'ait fait tant souffrir. Je suis désolé que tu aies dû traverser tant d'épreuves. Je suis désolé que personne ne t'ait tendu la main quand tu en avais le plus besoin. Je suis désolé qu'ils ne se soient pas excusés lorsqu'ils t'ont fait du mal. Je suis vraiment désolé. Vraiment désolé.**

**Mais je ne peux m'empêcher d'admirer ce que tu es capable d'accomplir. C'est merveilleux de te voir briller. C'est merveilleux de te voir faire le bien. C'est merveilleux de te voir aimer. C'est merveilleux de te voir planter des flambeaux.**

**Une goutte de lumière suffit à inonder le cœur.**

**Merci à toi.**

être immoral ne rend pas spécial
être irrespectueux ne rend pas spécial
être impoli ne rend pas spécial

être gentil ne rend pas faible
aimer en toutes circonstances ne rend pas faible
pardonner ne rend pas faible

**N'oublie jamais que tu es important.
Ta présence est un cadeau pour le monde, ton sourire peut illuminer.**

# REMERCIEMENTS

Il y a encore quelques mois, quand je commençais à noter quelques éléments pour écrire cet ouvrage, je m'imaginais tremblant devant mon écran, incapable de mettre en avant devant vous à quel point le mal pouvait se déployer autour de nous. Pourtant, la joie m'envahit en écrivant ces quelques lignes. Quelle ivresse de voir qu'il est possible de tendre vers le bien !

Alors que tout semblait si sombre, votre soutien indéfectible et votre bienveillance ont été une véritable source d'inspiration dans mon cheminement littéraire.

À tous ceux qui marchent à mes côtés pour lutter contre ce monde de brutes, je vous remercie du fond du cœur. Merci de m'accompagner dans cette quête. Merci de lutter à mes côtés dans ce combat de toute une vie.

Vous êtes des Reines et des Rois, ne l'oubliez jamais.

Avec toute ma gratitude et mon amour,

Perseus Le Grand

Printed in France by Amazon
Brétigny-sur-Orge, FR

16821722R00057